ESTRATEGIAS
FOREX

ESTRATEGIAS FOREX

INDICE

Qué es el comercio de Forex?

Importancia del comercio Forex

Cuatro tipos principales de órdenes en el mercado Forex

Movimientos de los precios de las operaciones de Forex: cómo y por qué se mueven los mercados y cómo obtener beneficios

- Usted predice las tendencias de los gastos de Forex
- El Mercado obedece a las Leyes Científicas
- El negocio se puede hacer de las noticias
- Tendencias actuales de los gastos
- Ganar el concurso
- Sea imperfecto pero nunca un perdedor

Operadores de Forex: La necesidad de ser objetivo

- Herramientas para operar en Forex
- La estrategia de las tres líneas de tendencia

Cómo ganar con Forex: Los secretos paso a paso

- El éxito viene de dentro
- Disciplina y Pérdidas
- Una ventaja comercial
- El éxito está en sus manos

Los Peligros de Ponerse Emocional Acerca del Comercio de Forex

Estrategia de comercio Forex - Desglose de canales

Asesino Forex vs. Forex

Estrategia de Poder

El momento correcto en el comercio de Forex

- Uso adecuado del soporte y la resistencia
- Por qué comprar bajo y vender alto no funciona
- Hay que tener agallas, pero se gana dinero

La importancia de los gráficos de Forex en tiempo real

Cálculo de intereses sobre

Operaciones Forex

Las ventajas del comercio automatizado de Forex

Elegir el software correcto de operaciones automatizadas de Forex

Qué es el comercio de Forex?

El comercio de Forex implica operar con divisas internacionales. Aquí se puede vender la moneda de un país para comprar la de otro. El comerciante negocia en divisas [Forex] en el momento más apropiado para beneficiarse de la transacción. Una buena capacidad de previsión desempeña un papel fundamental en este sentido. Uno puede preguntarse cómo el comercio de Forex puede ser una oportunidad de ganancia tan lucrativa ya que las fluctuaciones en el intercambio son tan pequeñas.

Pero recuerde, cuando se hace en grandes volúmenes, un cambio menor puede significar mucho. También tiene muchas ventajas no monetarias. Cualquiera que quiera negociar en Forex puede hacerlo, ya que sólo se requieren los conocimientos básicos para ello.

Forex puede ayudarle a ganar mucho dinero. Pero hay ciertas condiciones a seguir antes de operar en Forex. En primer lugar, hay que tener un conocimiento profundo de las tendencias del mercado de valores, de los fundamentos de la negociación y de la capacidad de asumir riesgos. Usted obtendrá toda la ayuda que necesita para alcanzar estas condiciones muy fácilmente.

Hay muchos sitios en Internet que pueden ayudarle a clarificar sus fundamentos y ayudarle a enfrentar el mal tiempo. Una buena razón por la que el comercio de Forex puede ser considerado es el hecho de que hay frecuentes fluctuaciones en las monedas, aunque en términos porcentuales puede ser pequeño.

Usted gana si la fluctuación le favorece y lo contrario también es cierto. Nadie puede predecir con exactitud la tendencia de las monedas. La liquidez es otra razón por la que el comercio de Forex es tan popular.

Ahora la parte más importante - en Forex, usted puede hacer grandes sumas de dinero incluso si su inversión inicial está en un lado inferior. Usted puede invertir tan poco como $50,000. La gente rica no tiene un tope máximo para la cantidad de inversión. Así que recuerde que incluso con una inversión nominal, la capacidad de ganancia es sin duda muy grande.

La mayoría de las grandes empresas están

conectadas al mundo de Internet hoy en día, y el comercio Forex no es una excepción. Puede operar con divisas desde su casa. De hecho, se realiza totalmente en línea. Usted tiene la libertad de elegir cuándo quiere operar, y no necesita cumplir con ninguna fecha límite.

Básicamente, puedes ser tu propio jefe. El proceso de comercio en línea es bastante simple para que cualquiera lo entienda. Sólo necesita abrir una cuenta para operar en Forex con un corredor reconocido y ellos completarán el resto de las formalidades. Lo único que tiene que hacer es prepararse con el monto de su inversión.

Por lo tanto, está claro que el comercio de Forex puede ser uno de los mejores negocios para ganar dinero. Aunque hay un nivel de riesgo asociado a él, pero puede ser evitado con el debido cuidado y una mente alerta!

Importancia del comercio Forex

El cambio de divisas [Forex] implica el cambio de diferentes monedas extranjeras para obtener una ganancia. La razón para comprar la moneda de otro país puede ser la necesidad de comprar alguna mercancía de dicho país también, además de ganar dinero a través de la diferencia en los tipos de cambio.

En este último caso, la gente compra moneda de un país extranjero cuando la tasa en el mercado es baja, y la vende cuando las tasas suben. El comercio de divisas se realiza normalmente entre los bancos centrales, el gobierno, los especuladores y las empresas multinacionales. Las naciones no pueden comerciar entre sí sin la presencia de un mercado extranjero.

Una gran cantidad de dinero se negocia diariamente en el mercado Forex, aunque la cantidad invertida por un operador individual puede ser muy baja. Nadie individualmente puede tener influencia en las fluctuaciones de Forex, ni siquiera el gobierno. Por lo tanto, se puede concluir fácilmente que el nivel de la moneda refleja la fortaleza o la debilidad de la economía de un país. Esto hace que el mercado Forex sea un buen lugar para la competencia.

El gobierno y el banco central tratan de estabilizar la moneda de su país especulando, comprando y vendiendo monedas en los momentos adecuados. Sin embargo, pueden influir en el mercado si llevan a cabo un comercio en grandes volúmenes. Para comprar su propia moneda, sin embargo, el gobierno o el banco central deben tener enormes reservas de divisas con ellos. Por lo tanto, es prácticamente imposible inflar el valor de la moneda artificialmente.

Los bancos comercian mucho en divisas y esto forma una parte del volumen en el mercado Forex. Compran divisas no sólo como entidades individuales, sino también en nombre de sus clientes. Negocian con muchos futuros. Hasta hace unos años, los corredores podían influir en los volúmenes de comercio en el mercado Forex. Pero debido a los servicios electrónicos disponibles en la actualidad, los servicios de los corredores no son necesarios. Es fácil de operar electrónicamente.

El comercio con países internacionales sólo es posible con la existencia de mercados Forex.

Cuando no hay mercado Forex, no hay moneda común entre dos países, por lo que uno no puede evaluar el valor de una moneda con respecto a la otra.

El comprador paga al vendedor en la moneda del vendedor. Con el dinero así recibido, el vendedor compra bienes en el país del comprador y vende esos bienes en su país [vendedor].

Sólo entonces podrá saber cuánto ha ganado con la exportación. Sin embargo, en presencia de un mercado Forex, es muy fácil para un vendedor conocer sus ganancias en el mismo instante en que realiza una operación de exportación. Del mismo modo, el comprador también tendrá un conocimiento profundo del coste en el que tendrá que incurrir para comprar mercancías de un país internacional.

Cuatro tipos principales de órdenes en el mercado Forex

Hay muchos tipos de órdenes que los operadores pueden colocar para realizar transacciones en el mercado Forex, con el fin de obtener beneficios de las mismas.

- **Orden de Mercado**

La orden de mercado es la más simple y común. En este caso, el operador compra y vende la divisa al tipo de cambio vigente en el mercado en el momento de realizar el pedido. Debido al gran tamaño del mercado y a la alta volatilidad, las tendencias pueden revertirse en cualquier momento, por lo que la gente prefiere colocar órdenes al precio de mercado para protegerse de cualquier tendencia adversa.

- Orden de restricción

En este caso, el comerciante especifica un precio al que puede querer comprar o vender la divisa. Supongamos que un operador ha comprado GBP contra el USD en 1,9710, entonces puede colocar una orden de venta en 1,9725, cuando la bolsa ejecute la orden y él se beneficie de ella. El pedido se cancelará si el precio objetivo no se alcanza durante el día.

- Orden de Stop Loss

Debido a la volatilidad, las pérdidas de stop son esenciales. Determinan la pérdida máxima que un comerciante está dispuesto a sufrir. Supongamos que en el caso anterior, la capacidad de riesgo del operador es baja, entonces puede colocar un stop loss en 1,9705, en cuyo nivel el cambio registrará pérdidas para él, y no se verá afectado por ninguna caída por debajo de 1,9705.

- Orden de entrada

Esta orden sólo se ejecuta cuando se cumplen ciertas condiciones en el mercado, que la orden especifica. La orden de entrada puede ser una orden de entrada de límite o incluso una orden de stop entry.

- Orden de entrada de límites

Por ejemplo, supongamos que el precio actual de mercado para GBP/USD es 1.9705-10. Esto implica que el comerciante puede realizar transacciones en estos niveles. Aquí, un operador puede poner una orden de entrada de límite para vender sus participaciones a un precio superior al precio de mercado, digamos, 1,9715. Su orden sólo se ejecutaría si se alcanza ese precio. De la misma manera, puede colocar una orden de compra a un nivel de, digamos, 1,9700, y su orden de "compra" permanecerá pendiente hasta que el precio caiga a ese nivel.

- Orden de detención de entrada

Esta orden se utiliza generalmente cuando el comerciante tiene motivos suficientes para creer que la divisa está operando en un rango fijo y cree que está al borde de una ruptura de ese rango. Puede que quiera comprar a un precio más alto que el precio de mercado o vender a un precio más bajo que el precio de mercado. En el mismo ejemplo, el operador puede seguir adelante y comprar en 1,9720 o vender en 1,9690, donde cree que una vez que se alcancen estos niveles, la divisa sólo subirá o bajará más, según sea el caso. Un operador ejerce la orden de stop entry sólo cuando tiene motivos razonables para creer que habrá movimientos bruscos en los tipos de cambio en el mercado Forex.

Movimientos de los precios de las operaciones de Forex: cómo y por qué se mueven los mercados y cómo obtener beneficios

Comprender las tendencias de gastos de Forex no es nada fácil. Los hombres de negocios a menudo tienen ideas equivocadas y hacen agendas basadas en ellas y sufren pérdidas. Lo siguiente puede ayudarle a entender las tendencias:

Usted predice las tendencias de los gastos de Forex

Los hombres de negocios observan un cierto nivel y saltan a él pensando que es estable. Sin embargo, esto se basa simplemente en suposiciones y eso nunca funciona en el negocio de Forex. No hay una predicción precisa.

Si el objetivo es ganar, usted tiene que basar el negocio en las tendencias de gastos de tiro seguro. En relación con esto, hay ciertos factores que se indican a continuación.

El Mercado obedece a las Leyes Científicas

Existe una noción que cree que las tendencias del mercado se basan en la lógica. Algunos creyentes son Gann, Elliot y los seguidores de Fibonacci.

Sin embargo, si todo el mundo lo supiera todo, los precios nunca habrían sido una sorpresa y los mercados serían inexistentes. El profano aceptaría estas ideas y sus fantásticas sugerencias. Sin embargo, los hechos dicen lo contrario.

El negocio se puede hacer de las noticias

No es aconsejable, ya que las noticias son insignificantes. La forma en que se supone que las noticias deciden los movimientos. Veamos cómo ocurren las tendencias.

Tendencias actuales de los gastos

Conceptos básicos + Visión individual de los mismos = Tendencias del mercado Forex

La gente rara vez es racional. A menudo funcionan emocionalmente, por lo que el razonamiento lógico no siempre es cierto. La verdadera psicología humana es consistente, pero estos asuntos no tienen lógica:

1. La gente hace que los costos se muevan al extremo y estos puntos de paso pueden ser utilizados de manera rentable.

2. Continúa con el negocio. No te metas en adivinanzas.

Ganar el concurso

El Forex es un deporte y la competencia se basa en las oportunidades. Puede que no seas capaz de determinar las posibilidades, pero nunca perderás.

Esto no se aplica a todos los casos, pero pruebe en situaciones de gran probabilidad y seguramente se llevará el pastel con muy pocas pérdidas. Obtenga grandes ganancias a su debido tiempo.

La voracidad y el pánico fluctúan los costos, creando puntos que son visibles en los programas de Forex y que pueden ser utilizados de manera provechosa.

Es un juego para que cuando los precios fluctúen de tu lado, te pongas a trabajar. Controle bien sus finanzas y sea un ganador.

Sea imperfecto pero nunca un perdedor

Los mercados Forex están repletos de aquellos que intentan adivinar e intentan obtener una cifra de tendencia no revelada inexistente. A pesar de que las tendencias de gastos de Forex parecen desordenadas, basar su negocio en las fluctuaciones de costos lo convertirá en un ganador.

Puede no ser un negocio ideal para muchos, sin embargo, si se hace bien, usted puede hacer mucho dinero a través del comercio de divisas.

Operadores de Forex: La necesidad de ser objetivo

Es difícil para los operadores de Forex darse cuenta de que el mercado de divisas es extremadamente impredecible. Como los nuevos comerciantes pasan mucho tiempo tratando de aprender la mecánica del comercio de divisas y centrar su tiempo y energía en tratar de encontrar un método para predecir los movimientos, naturalmente esperan que haya reglas que rijan el movimiento del mercado. Este no es el caso, muchos comerciantes se encuentran en desventaja.

Mientras que los operadores de Forex tienen una serie de herramientas a su disposición, que les permiten juzgar el momento adecuado para abrir o cerrar una posición, muchos prefieren confiar en una sola herramienta. Así que, al abrir una posición, observan su indicador favorito y, en gran medida, basan sus decisiones comerciales únicamente en él, ignorando a los demás.

Esto funciona lo suficientemente bien hasta que ese indicador empieza a decirles algo diferente de lo que son los otros. Los operadores atrapados en una posición abierta que su herramienta favorita les dice que mantengan, a menudo lo harán, a pesar del hecho de que otras herramientas les están diciendo que cierren y salgan del mercado, y terminen perdiendo dinero.

El problema básico, por supuesto, es que el operador no está mirando el mercado tal como está, sino a través de las lentes de sus propias expectativas al respecto y utilizando además su indicador favorito para reforzar esas ideas en lugar de mirar el panorama general. Y, animado por el hecho de que el indicador elegido es la previsión de los beneficios que desea, el operador se está centrando más en el dinero que en el mercado.

Si el mercado Forex no fuera impredecible, colapsaría porque todos los operadores se beneficiarían todo el tiempo. Hay muchas herramientas que pueden ayudar a los operadores a predecir la dirección del mercado y por lo general hacen un trabajo eficiente. Pero incluso en manos de los operadores más experimentados, las mejores herramientas a veces fallan en predecir correctamente los movimientos del mercado.

Perder en el comercio debido a la predicción errónea del mercado es una parte innata del comercio de Forex y los operadores necesitan aceptarlo. Además, necesitan aprender a evitar estar en una posición en la que no tengan muchas opciones.

Para ello, el operador necesita aceptar el hecho de que el mercado de divisas tiene una mente propia y los operadores tienen que seguir sus movimientos en lugar de tratar de hacer que vaya en la dirección que ellos quieren.

Herramientas para operar en Forex

No hay una sola herramienta súper inteligente para operar en Forex que le dé ganancias, ganancias y más ganancias. La única solución posible es utilizar una combinación de diferentes herramientas para identificar las fuerzas favorables del mercado y obtener un número máximo de operaciones de alta probabilidad durante un período de tiempo. Las líneas de tendencia son la herramienta de comercio Forex más popular y fiable por la que muchos operadores exitosos dan su testimonio.

La estrategia de las tres líneas de tendencia

Las líneas de tendencia son una herramienta importante para la identificación y confirmación de tendencias en el análisis técnico. Es una línea recta que conecta dos o más puntos de precio y luego se extiende hacia el futuro para guiarle.

Habrá líneas trazadas a través de mínimos

significativos en una tendencia alcista, y máximos significativos en una tendencia bajista. Para clasificar más o menos las líneas de tendencia, podemos dividirlas en tres: líneas de tendencia a corto plazo, líneas de tendencia a medio plazo y líneas de tendencia a largo plazo.

1. Líneas de tendencia a corto plazo

Dibuje estas líneas a través de los dos mínimos más recientes para una tendencia alcista o a través de los dos máximos más recientes para una tendencia bajista. Las mejores observaciones se encuentran en un marco de tiempo más corto, como por ejemplo un gráfico de 15 o 30 minutos.

2. Líneas de tendencia a medio plazo

Éstos se observan mejor en un marco de tiempo más alto, como en un gráfico de 60 minutos. Conecta la acción de precios más cercana a la acción de precios significativa más cercana a la acción de precios actual con la acción de precios significativa previa en una tendencia alcista o la acción de precios significativa más cercana a la acción de precios actual con la acción de precios significativa previa en una tendencia a la baja.

3. Líneas de tendencia a largo plazo

Utiliza marcos de tiempo más altos como el gráfico de 4 horas o el gráfico diario para dibujar líneas de tendencia a largo plazo utilizando el mismo método de las líneas de tendencia a medio plazo. La línea de tendencia a largo plazo es considerada como una herramienta efectiva para operar en Forex. El gráfico diario es utilizado principalmente por los operadores de las grandes instituciones que no suelen realizar pequeños movimientos a nivel intradía.

Dibujando una línea de tendencia en un gráfico diario puede analizar gráficamente dónde está el precio y dónde es probable que rebote. Pero utilice las líneas de tendencia como una herramienta para operar en Forex con precaución y discreción. Cubrir sus gráficos con todas las líneas de tendencia posibles resultará en confusión y análisis borrosos.

No es una buena idea confiar completamente en una línea de tendencia a corto plazo.

Simplemente le dan una imagen definida de la acción actual de los precios. Estos se rompen a menudo durante el curso de un día. Su uso principal es proporcionarle una representación gráfica clara e instantáneamente reconocible del comportamiento actual de los precios.

Si usted nota que el precio vuelve a probar una línea de tendencia en los marcos de tiempo más altos, mire otros factores. Dibuje líneas horizontales para marcar el soporte y la resistencia clave utilizando los altibajos anteriores. Dibujar niveles de retroceso y extensión de Fibonacci. Calcule los puntos de giro diarios y póngalos en su gráfico. Tenga el 200 EMA (Promedio Móvil Exponencial) mostrado en sus gráficos.

Cómo ganar con Forex: Los secretos paso a paso

Cuando el 95% de los comerciantes pierden dinero, ¿qué le hace pensar que puede ganar? Para ver sus posibilidades de éxito como operador de Forex, aquí tiene una lista de verificación para que usted la vea y se convierta en uno de los operadores de élite, que obtienen enormes beneficios a largo plazo.

Las siguientes son algunas maneras de perder dinero. Es posible que desee cambiar de opinión inmediatamente si está pensando en probar alguno de ellos. Haga esto para evitar pérdidas y continuar su educación en Forex!

1. Siguiendo un Robot Forex con Ganancias Simuladas - Usted puede aparentemente alcanzar el éxito sin ningún esfuerzo como prometido por estos. Se le pide que acepte sus registros de seguimiento simulados retrocediendo. Su capital será destruido al probarlos.

2. Day Trading y Scalping - Debido a la volatilidad aleatoria a corto plazo, simplemente no funciona. Al igual que los robots, incluso la gente que los vende siempre tiene un historial simulado.

Muchos más de estos caen en la categoría de tratar de encontrar a alguien más que le dé éxito. Esto no funciona en los mercados de divisas.

Aparte de necesitar una ventaja comercial,

también tiene que entender las formas y las razones que lo llevan al éxito. Veamos esto en detalle.

El éxito viene de dentro

La combinación de una simple y robusta ayuda para entender y operar con disciplina es de lo que se trata el comercio de divisas.

Usted necesita saber lo que está haciendo para comerciar con disciplina. Esto se traduce en tener confianza, la cual definitivamente no se obtiene de alguien que te dice qué hacer. Usted obtiene confianza a través de su propio conocimiento y aprendizaje.

Disciplina y Pérdidas

Como usted tiene que seguir ejecutando señales de operaciones a través de períodos perdidos, la disciplina es difícil. Esto tiene que continuar hasta que usted batea un jonrón, incluso cuando el mercado lo engaña y le quita su dinero.

Una ventaja comercial

Lo que separa su sistema de comercio de divisas de los perdedores del 95% es su ventaja comercial. Usted puede responder cuál es su ventaja comercial y cómo le ayudará a vencer a la mayoría. No tienes uno si no sabes lo que es.

Pocos tienen éxito en la simple búsqueda de comercio de divisas. Estos elementos están presentes en la estrategia comercial de los ganadores:

Uso de un sistema de comercio de divisas simple y robusto

- Tener una sólida base en los fundamentos del comercio de divisas

- Saber exactamente por qué su sistema los llevará al éxito

- Tener confianza y disciplina para seguir con su plan

- Sabiendo que sólo ellos son responsables de

su éxito en las operaciones de Forex

Usted tiene que estar solo, tener confianza en sus acciones y ser disciplinado para seguir su plan en el comercio de divisas.

El éxito está en sus manos

Suena simple, sin embargo, en realidad depende de su enfoque para el comercio de divisas - con la mentalidad correcta y obtener la educación adecuada. El operador se supera a sí mismo, en lugar de que el mercado le gane al operador en el comercio de divisas.

Aprenda los fundamentos básicos, obtenga un sistema adecuado, tenga confianza, obtenga una ventaja y sea disciplinado. Haga todo esto para disfrutar del éxito del comercio de divisas.

Los Peligros de Ponerse Emocional Acerca del Comercio de Forex

Emocionarse en el mercado de valores es lo peor que le puede pasar a los inversores. Lo mismo ocurre con los operadores de Forex. Ver las pérdidas de papel en el comercio diario es bastante común.

Una vez que toma la decisión de comprar algo y hacer pérdidas, usted todavía se aferra aunque las situaciones se vuelvan de mal en peor, sólo porque siente que las cosas podrían volverse en su favor una vez más. El principal problema aquí es que, la decisión de permanecer en una operación perdedora durante mucho tiempo es emocional, ya que usted no está de humor para aceptar una pérdida y salir de la operación.

El mercado Forex está influenciado en gran medida por el mercado general y usted siempre debe operar en base a las indicaciones basadas en el mercado, y no sólo iniciar uno ya que su corazón le dice que lo haga. A veces, usted puede estar tan apegado emocionalmente a una divisa dada en el mercado Forex, que la mayor parte de su exposición al mercado Forex estaría en esa divisa en particular.

No tiene nada de malo, como si tuvieras motivos razonables para creer que la moneda lo hará bien, entonces realmente te beneficiarás del cambio. Lo 'incorrecto' es abrir una operación en una divisa sólo porque tu corazón te lo dice.

En el caso, si usted se siente fuertemente acerca de cualquier moneda, entonces es mejor comprobar la realidad teniendo en cuenta lo que el mercado está indicando. Esto le dará una idea clara de si debe operar o no con esa divisa.

Lo básico que hay que recordar es que una vez que se ha iniciado una operación, y se están incurriendo en pérdidas de papel, y por todos los indicios, es probable que las cosas empeoren aún más para usted, entonces es mucho mejor contabilizar las pérdidas y salir de ella en lugar de apegarse a ella hasta el momento en que en última instancia, usted es capaz de ver algunas ganancias de ella. Recuerde, los mercados tienen poco espacio para las emociones.

El comercio de Forex no es una situación en la que todos ganan. Prepárese para perder en algunas operaciones también. Esa es la forma precisa en que funciona el mercado. No es realmente una cuestión de si tienes razón o no, el hecho es que los mercados se mueven de una manera inesperada y tienen la habilidad de sorprender a la gente cuando menos se lo esperan. Todos los fundamentos e incluso la experiencia pueden ser lanzados al aire cuando los mercados deciden hacer algo.

Así que sigue las indicaciones que te da el mercado. Si usted siente que después de iniciar una operación, las cosas no están saliendo de la manera que había previsto, reserve sus pérdidas y salga de ella. Usted puede invertir la cantidad en alguna otra operación y hacer buenas ganancias en lugar de quedarse con su operación perdida.

Estrategia de comercio Forex - Desglose de canales

El sistema Forex es el mayor comercio mundial. Se aprovecha de algunos movimientos para que los hombres de negocios ganen bien. Una agenda de negocios de Forex aceptada que se utiliza de forma bastante provechosa en el negocio se llama Channel Breakout.

Canales de comercio Forex - Los canales consisten en rutas hechas en un horario para rastrear la matriz donde el intercambio había sido realizado en un lapso de tiempo. Pueden ser construidos de manera sencilla. Observe el cronograma en un lapso de tiempo y trace líneas que vinculen los gastos de negocios al contado comparativamente altos, y hacia abajo en la vinculación de los gastos de negocios al contado comparativamente bajos. Esto le dará una imagen de la matriz de negocios existente durante un período de tiempo de unos seis meses.

Breakout de canal - Una vez que el valor del intercambio sube por la línea de red de pico, hay una creciente fuga de red. Además, una vez que el valor desciende por debajo del punto más bajo de la red, se obtiene una fuga hacia abajo de la red. Las escapadas en red ocurren hacia arriba y hacia abajo. Con suficiente información de Forex con escrutinio científico, todo el mundo puede utilizar el proceso para obtener una agenda de negocios de intercambio remunerado.

Hay que construir los canales con mucho cuidado. Cada reunión de líneas no indica una salida adecuada. Si hay alguna falacia en la construcción de la línea, lo que se observa son los negocios fuera de la matriz, lo que simplemente te lleva de vuelta al interior. Por lo tanto, antes que nada, obtenga suficiente conocimiento sobre Forex.

Control Ganado de los canales de Forex - Cuando usted descubre el funcionamiento de las redes, las ganancias ocurrirán. Construya el negocio con suficientes pausas. Entonces, en caso de una señal de fuga incorrecta, usted obtendrá pérdidas tolerables o si la suerte le favorece, un beneficio muy bajo.

Pero si usted está en el lado correcto de una escapada de red apropiada, la pequeña falta que usted recibió será removida y obtendrá una buena y satisfactoria ganancia.

Cualquier accionista de negocios de Forex

que valga la pena su nombre capitaliza las fugas de los canales. En caso de que usted quiera cobrar en los mercados de divisas, dedique una cierta cantidad de tiempo a la educación en Forex para construir esta agenda y varios procesos de escrutinio tecnológico.

De este modo se fortalecerán las agendas de intercambio, lo que tendrá consecuencias beneficiosas. Si no le da tiempo para entender completamente las apuestas y los rendimientos contenidos en una agenda de negocios de Forex, es posible que no obtenga las consecuencias deseables. Como ves, tu ganancia depende de ti.

Asesino Forex vs. Forex Estrategia de Poder

Para aquellos que tienen un interés en el enorme mercado de divisas de 3 billones de dólares al día, es de conocimiento común que para poder permanecer en el lado correcto del mercado Forex lo que usted necesita es descubrir constantemente nuevos planes para minimizar sus pérdidas y maximizar sus ganancias, y siempre adaptarse para que pueda aprovechar cualquier y cada oportunidad para obtener una mayor participación en el pastel.

La fórmula Forex Assassin y el curso Forex Power Strategy son dos de las herramientas de comercio de divisas más utilizadas. Estas dos herramientas han recibido grandes críticas, pero sus principios operativos son completamente diferentes. Como operador de Forex, ¿cómo entendería cuál es la mejor herramienta para usted? Para ayudarle a salir de su confusión, siga leyendo.

La fórmula Forex Assassin está diseñada como una solución a los problemas del hombre ocupado con el comercio de divisas. Esta herramienta es ideal para un promedio de 9 a 5 profesionales que desean generar ingresos adicionales a través de las operaciones de Forex, pero no pueden reunir el tiempo para monitorear los mercados a lo largo del día o estudiar fórmulas técnicas complejas, análisis y gráficos.

Forex Assassin es una estrategia simple y conveniente que puede ser utilizada con poca o ninguna comprensión de cómo funciona realmente el mercado. Normalmente se tarda alrededor de un cuarto de hora cada semana en preparar y asignar una estrategia de operaciones, después de lo cual sólo hay que relajarse y dejar que el mercado haga su trabajo.

Es muy sencillo, pero por otro lado también es bastante limitado, ya que no se requiere tener mucho conocimiento del mercado. El objetivo es permitir que el maniquí gane un dinero limitado minimizando sus posibilidades de pérdida, lo cual, sin embargo, no es la mejor manera de ganar la mayor cantidad de dinero.

Por el contrario, la herramienta Forex Power Strategy ofrece un curso detallado y profundo sobre la dinámica y la economía del mercado. Tiene en cuenta una gran cantidad de material, e incluye todos los niveles de comercio. Como resultado, se requiere una gran inversión de tiempo y atención para aprovechar al máximo el curso y absorber sus lecciones. Así que, a menos que pueda dedicarle bastante tiempo, la herramienta de la Estrategia Energética de Forex no es para usted.

Pero a cambio, usted tiene la seguridad de que para cuando termine el curso, habrá logrado un mejor y más sólido conocimiento de cómo funciona el mercado y, por lo tanto, su potencial de ganancias será correspondientemente mayor.

Pero no importa qué herramienta escoja, usar cualquiera de las dos es mejor que operar a ciegas en el mercado y terminar con grandes pérdidas.

El momento correcto en el comercio de Forex

Cuando usted percibe una oportunidad comercial, el factor decisivo es saber exactamente cuándo comprar. Desafortunadamente, este es el punto en el que la mayoría de las personas pierden el argumento al cronometrar sus niveles de entrada de manera inadecuada. Pero aquí hay algunas pautas básicas para ayudarle en esos momentos cruciales:

Uso adecuado del soporte y la resistencia

Si intenta utilizar la regla fundamental del mercado de acciones - "comprar bajo, vender alto" - en el comercio de Forex, en realidad perderá dinero. Para comprender es necesario saber cómo funciona el sistema de apoyo y resistencia.

Un precio de apoyo es un precio históricamente probado al que los operadores intervienen y compran, con el fin de "apoyar al mercado". Cuantas más veces se pruebe este precio, más bancable será el precio de apoyo.

A la inversa, un nivel de resistencia se define como un nivel en el que "los precios se resistieron a subir". También en este caso, cuantas más veces se pruebe este nivel, más fiable será.

Por qué comprar bajo y vender alto no funciona

La razón por la que esta sabiduría tradicional es contraproducente en el comercio de Forex es que si usted realmente espera a que los precios bajen, usted va a terminar perdiendo algunas de las mejores oportunidades para hacer dinero. Considere: cuando una divisa comienza a recuperarse, ¿cuáles son las posibilidades de que se retire?

¿Y si no lo hace y se estabiliza? Si usted sigue esperando una retirada, podría terminar sin entrar nunca en la operación porque la mayoría de los cambios en las divisas se producen a partir de los nuevos máximos del mercado y sin ningún tipo de retirada.

Por lo tanto, si planea enfocar su estrategia comercial de Forex en la espera de una entrada a precios de apoyo, ¡despierte! Usted puede perder en las operaciones más rentables. Lo que su estrategia de operaciones de Forex debe tener como objetivo es más bien "comprar alto y vender más alto", es decir, usted debe tratar de hacer todo lo contrario de lo que la gente en general está haciendo. Trate de estar atento a cualquier avance en apoyo y resistencia, y luego venda y compre lo que corresponda.

Hay que tener agallas, pero se gana dinero

La política de ir en contra de la multitud requiere valor para practicar. Pero piensa en la estrategia con la cabeza fría y verás que es lo más lógico que puedes hacer. ¿Cuántas veces ha oído hablar de comerciantes que compran apoyo, pero el mercado continúa su caída libre, rompiendo el apoyo?

Y una vez más, ¿no ha oído hablar de que el precio sigue subiendo y nunca llega al soporte, lo que hace que el operador pierda la oportunidad de sacar provecho de la tendencia?

Así que en lugar de ser tradicional y perder dinero, es más fácil adoptar la política de rupturas: no se sentirá cómodo al entrar, pero sí ganará dinero. El truco es romper con el patrón que establece la mayoría perdedora y hacer lo que es productivo y lógico considerando la respuesta común y predecible.

La importancia de los gráficos de Forex en tiempo real

¿Quieres ganar dinero en el mercado de divisas? Para lograrlo, usted debe poseer un conocimiento técnico profundo, enfocado en la capacidad de rastrear los tipos de cambio de divisas, a través de la interpretación de los gráficos reales de forex.

Si usted es un aficionado en este campo, usted debe descubrir rápidamente las cartas auténticas de la divisa del Internet o puede optar por las cartas reales libres de la divisa. La mejor opción es, sin embargo, tomar la ayuda del software gratuito de reconocimiento de cartas y dominarlo, usted está bien preparado para este negocio.

Los gráficos de forex en línea le mantienen actualizado sobre los valores de las divisas en cualquier momento, incluso entre períodos cortos de tiempo, como minutos, y largos intervalos, como varios años. Los gráficos que representan las oscilaciones en las tasas son gráficos de líneas, o diagramas de barras o cuadros de velas.

Los gráficos de líneas son fáciles de interpretar y le ayudan a revisar ampliamente los altibajos de los precios. Le ayuda a seguir la tendencia actual del movimiento del tipo de cambio. Por el contrario, los gráficos de barras no son tan lúcidos como los gráficos de líneas, sino que proporcionan una información muy detallada.

Para resumir, la longitud de un gráfico de barras representa la cantidad de subida o bajada del precio y la amplitud da la duración, que ha sido testigo de esto. Las tasas iníciales y finales se mencionan en el gráfico para que pueda identificar el rango y si se trata de una caída o de una subida. Hay un software de reconocimiento de patrones disponible que interpreta los diagramas de barras para usted y hace que su tarea sea más fácil.

Los japoneses fueron los primeros en utilizar gráficos de velas para trazar la cantidad de su producción de arroz. Desde entonces han sido cada vez más populares. Aunque son similares a los diagramas de barras, están coloreados.

Cada color actúa como un código para significar la subida o caída del precio. El índice se escribe en el propio gráfico. Por lo tanto, los gráficos de velas son mucho más fáciles de usar que las barras. Los gráficos de velas tienen patrones únicos y son tan bonitos como para ser llamados así por las bellezas naturales. Tan pronto como pueda identificar el patrón en particular, identificará la tendencia del mercado.

Un gráfico de divisas real a menudo se complementa con muchos indicadores técnicos como tendencia, fuerza, volatilidad y movimientos cíclicos. Un gráfico de forex es útil en sí mismo, pero esta información adjunta se proporciona para facilitar su tarea de análisis de mercado para predecir tanto los movimientos en el mercado y el volumen de mercado.

Cálculo de intereses sobre Operaciones Forex

Una de las mejores cosas sobre el comercio de Forex es el hecho de que uno puede operar utilizando el apalancamiento, por lo tanto, pedir prestado hasta 1.000 veces su capital con el fin de hacer una operación. Sin embargo, pedir dinero prestado para comerciar en divisas es lo mismo que pedirlo prestado para otros fines: el interés debe pagarse sobre el préstamo.

Sin embargo, como el comercio de divisas implica tanto la compra como la venta, el interés debido a su préstamo puede ser compensado por el interés ganado en la divisa que usted compra. Antes de pasar a ejemplos concretos, echemos un vistazo a los tipos de interés en general, para ver cómo afecta al mercado de divisas.

En los bancos centrales, las tasas de interés se fijan de acuerdo con la política monetaria de un país: las altas tasas de interés hacen que la moneda sea más cara de comprar y las bajas tasas de interés la hacen menos costosa.

Imaginar que el gobierno de un país con inflación alta le ayudará a entender cómo se utilizan las tasas de interés.

El gobierno, debido al rápido aumento de los precios, podría decidir elevar las tasas de interés. Esto aumentaría el costo de la moneda del país y haría caer la demanda y el consumo, ya que los préstamos serían más caros.

Esto, a su vez, provocaría la caída de los precios y de las tasas de inflación. Del mismo modo, un país en recesión podría bajar las tasas de interés para impulsar la economía del país, ya que un precio más bajo de la moneda provocaría un aumento de la demanda y, por lo tanto, de la oferta.

Las tasas de interés establecidas por los bancos centrales también determinan la tasa a la que los bancos comerciales pueden pedir prestado a los gobiernos y prestar a sus clientes, incluidos los operadores de divisas. Lo que nos dice cómo las tasas de interés afectan este comercio.

Un operador que, por ejemplo, compra GBP/USD, necesita tomar prestados los dólares para comprar las libras y, por lo tanto, pagará intereses sobre el USD y lo ganará con la GBP. Si el tipo de interés que el

Banco de Inglaterra establece para la libra esterlina es más alto que el establecido por la Reserva Federal para el dólar estadounidense, el operador ganará más con las libras esterlinas que compró que con los dólares estadounidenses que pidió prestados, obteniendo así un beneficio.

Sin embargo, a menos que exista una diferencia significativa entre los dos tipos de interés, el resultado neto será marginal. Además, mientras que los tipos de interés se fijan sobre una base anual, las posiciones de negociación se abren generalmente por períodos cortos. Esto sirve para reducir significativamente cualquier ganancia o pérdida en las tasas de interés.

Las ventajas del comercio automatizado de Forex

El comercio de divisas es hoy en día la forma preferida de inversión para un número creciente de personas en estos días. Es evidente por qué es así.

Como el mercado de comercio más grande del mundo, el mercado Forex tiene un volumen de comercio en constante crecimiento, que ha aumentado de alrededor de 500.000 millones de dólares a cerca de 2 billones de dólares en los últimos veinte años.

Además, dado que no está ligado a ningún piso de negociación en particular, se trata de un mercado inusualmente líquido. Operar las 24 horas del día también lo convierte en un mercado permanentemente abierto. Por lo tanto, dado que muchos mercados se abren y cierran al mismo tiempo, se pueden seguir eficazmente los mercados de todo el mundo.

Por lo tanto, tanto los grandes como los pequeños comerciantes se sienten atraídos por el comercio de Forex. Disfrutan de una amplia gama de estrategias de negociación basadas en los diversos aspectos de los tipos de cambio. Muchos operadores que entran en el mercado encuentran las diferentes cosas que afectan a los tipos de cambio de divisas muy atractivas por una razón muy sencilla: pueden utilizar una amplia gama de herramientas cuando trabajan en este excitante y estimulante mercado.

La automatización es quizás la mayor

influencia hoy en día en el crecimiento futuro del mercado Forex, ya que trae consigo más ventajas que desventajas. Los sistemas manuales que intentan operar en un entorno volátil y de ritmo rápido traen consigo varias pérdidas.

Un simple retraso en la compra y venta puede causar una fila de pérdidas en un sistema manual y así causar al operador una inmensa frustración. El comercio automatizado de Forex permite que el comercio se realice en cualquier parte del mundo, en tiempo real, y elimina las pérdidas observadas en los sistemas manuales.

Operar en una amplia gama de mercados de divisas diferentes al mismo tiempo, sin preocuparse por las zonas horarias de los lugares en cuestión, es otra ventaja que aporta el comercio automatizado de Forex. Sentado en Nueva York a las 2 de la mañana, se pueden hacer negocios con comerciantes de diferentes países del otro lado del mundo, simultáneamente y con gran facilidad. Todo gracias al comercio automatizado de Forex.

La gestión de riesgos es a menudo una fuente de preocupación para los operadores, pero incluso esto se reduce con el comercio automatizado de Forex. Los pagos pueden ahora sincronizarse en tiempo real y esto deja a los operadores satisfechos, a diferencia de las operaciones manuales, en las que siempre hay incertidumbre sobre el pago que se realiza después de la finalización de la operación. El sistema de negociación automatizado se está desarrollando progresivamente, lo que trae consigo la esperanza de que el sistema de liquidación se actualice y los riesgos del mercado desaparezcan pronto.

Si hay una tecnología que ha avanzado a pasos agigantados en los últimos años, es la tecnología informática. De hecho, se espera que siga creciendo durante muchos años. Lo que es más importante, los avances en la tecnología informática son buenos para los comerciantes que desean acceder a las mejores operaciones automatizadas de Forex.

El acceso a la tecnología de forma fácil y barata desde la comodidad de los hogares de los comerciantes significa que pueden gestionar sus propias inversiones con facilidad. Por lo tanto, el comercio automatizado de divisas será una adición bienvenida a un vehículo de inversión plenamente capacitado para aquellos que operan en el mundo de las divisas.

Elegir el software correcto de operaciones automatizadas de Forex

El comercio automatizado de divisas tiene sus propias ventajas. Aquí todo lo que tienes que hacer es seguir las señales comerciales que se generan y si eres capaz de ejecutarlas con disciplina y si tu sistema es lógico, entonces puedes acumular fácilmente ganancias.

Antes de analizar las diversas formas en que puede obtener beneficios a través de este software, echemos un vistazo a lo que no debe hacer.

Muchos comerciantes encuentran robots de

forex en línea y los compran. Pero debe tener en cuenta que la mayoría de estos son pedazos de basura y nunca han sido intercambiados en tiempo real. Echa un vistazo al historial y luego a la cláusula de exención de responsabilidad. Es probablemente hipotético o estimulado y eso no es una indicación segura de resultados futuros. Es extraño cómo alguien puede simplemente tomar una prueba y decir que gana dinero con ella.

Por supuesto, ganan dinero para el vendedor, obtienen la venta del software y el comerciante es azotado en el mercado. Nadie obtiene 100.000 dólares de ingresos anuales por 100.000 dólares. Usted nunca ganará dinero con estos sistemas estimulados, así que trate de mantenerse alejado de ellos.

Echemos un vistazo ahora a cómo se realiza

el comercio automatizado de divisas de la manera adecuada y discutamos las opciones.

Compre un sistema con un historial que haya sido auditado durante dos años. Puede que no sean baratos, pero pueden pagarse por sí mismos muchas veces. Sólo tienes que asegurarte de que entiendes y estás de acuerdo con la lógica antes de empezar a usarla.

Pruebe los sistemas gratuitos. Busque nuestros otros artículos para saber más sobre ellos y se dará cuenta de por qué este es un gran lugar para comenzar su carrera de operaciones automatizadas de forex.

Adelante, construye el tuyo. Esto es más fácil de lo que parece. También es una mejor manera de operar porque si usted construye y personaliza el sistema, ganará más confianza y podrá operar con disciplina, incluso durante los períodos de pérdida.

Si decide construir usted mismo un sistema, lo tenemos cubierto en nuestros artículos. Pero la mejor manera de hacerlo es operar en brotes, en nuevos máximos o mínimos, tener indicadores de impulso para cronometrar sus movimientos y concentrarse en las tendencias a largo plazo. Cuanto más simple, mejor. Esto le permitirá hacer frente a las cambiantes condiciones del mercado. Llenarlo de demasiados indicadores podría estropearlo.

Una vez que esté en posesión de un sistema, consiga un paquete de software de forex, programe las reglas y todo estará listo.

Tenga en cuenta que todos los sistemas de

comercio de divisas, incluyendo los mejores, sufrirán pérdidas que pueden continuar durante un largo período de tiempo. Usted necesita continuar operando hasta que haga un home run y debido a esta disciplina y manejo de dinero es necesario.

Si su sistema hace entre 50-100% compuesto anualmente, usted es parte del mejor software automatizado de operaciones de forex y puede operar en los mercados y disfrutar del éxito de las operaciones de divisas.

Visita nuestra página de autores en Amazon! ¡Y consigue más MENTES LIBRES!

http://amazon.com/author/menteslibres

Si lo deseas, puedes dejar tu comentario sobre este libro haciendo clic en el siguiente enlace para que podamos seguir creciendo! ¡Muchas gracias por tu compra!

https://www.amazon.com/dp/B081XGC4QJ

www.ingramcontent.com/pod-product-compliance
Lightning Source LLC
Chambersburg PA
CBHW070815220526
45466CB00002B/665